Buenos modales para niños

La cortesía y *Los buenos modales para niños* es una obra indispensable que debes tener como libro básico desde tus primeros años de lectura.

En esta interesante guía de educación encontrarás enseñanzas importantes acerca de cómo tratar a los demás y cómo el respeto hacia tus semejantes te dará muchas satisfacciones, entre ellas: saber desenvolverte en presentaciones personales, cenas, fiestas de etiqueta, conversaciones, visitas de cortesía y muchas ocasiones más.

Sé la admiración de grandes y pequeños al presentar un excelente comportamiento con *Los buenos modales para niños* y conquista las simpatías de todos.

Margarita Pérez Gavilán

Buenos modales para niños

OBRA PUBLICADA
INCIALMENTE CON EL TÍTULO:
El niño educado

SELECTOR

actualidad editorial

SELECTOR
actualidad editorial

Doctor Erazo 120   **Tels.**   **588 72 72**
Colonia Doctores   **Fax:**   **761 57 16**
México 06720, D. F.

BUENOS MODALES PARA NIÑOS

Diseño de portada: Carlos Varela
Ilustración de interiores: María Elena Laisequilla

Copyright © 1996, Selector, S.A. de C.V.
Derechos exclusivos de edición reservados para el mundo

ISBN-13:978-968-403-980-3
ISBN-10:968-403-980-3

Vigésima Primera reimpresión. Febrero de 2007.

Los buenos modales sirven de adorno al conocimiento y le abren paso a través del mundo.

Lord Chesterfield.

índice

*

introducción

¿Sabes, mi pequeño amiguito, que la educación es uno de los tesoros más grandes que existen en la vida?

Es por eso que ponemos este libro en tus manos. Deberás leerlo detenidamente, ya sea solo o con tus padres, hermanos o tal vez con tus abuelitos. Aunque es un libro que habla de niños como tú, estamos seguros que todos los miembros de tu familia disfrutarán ampliamente de su contenido.

Tal vez seas un pequeño ángel tranquilo y dulce o un diablillo juguetón e inquieto. Eso no tiene importancia. Puedes ser alguna de las dos cosas o un poquito de cada una; lo que sí importa y muchisímo, es que llegues a ser un niño bien educado, del cual tus padres puedan sentirse orgullosos y satisfechos;

un niño al que todo mundo reciba con alegría. . . no con terror.

Lee con mucho cuidado todas las indicaciones y practícalas diariamente. Pronto, todas las personas que conoces te felicitarán a ti y a tus padres por tu buena educación, lo que desde luego te hará muy feliz. Además, serás muy bien recibido en todas partes.

*

breve semblanza de la etiqueta

Aparentemente los buenos modale son un conjunto de sencillas reglas, que podrían parecer sin importancia, sobre nuestro comportamiento y conducta en general. Sin embargo, los buenos modales van más allá del simple conjunto de reglas y convencionalismos establecidos. Son más que un código de modales y estan íntimamente ligados con los pequeños detalles que surgen a diario del trato con nuestros semejantes.

Los buenos modales que vamos a tratar en este librito, dedicado especialmente a ti, niño o niña, que deseas mejorar cada vez más tu cortesía y buena educación, deberás ponerlos en práctica en cualquier parte y en todo momento.

Afortunadamente los buenos modales han cambiado favorablemente y la sofisticada etiqueta de antaño se ha visto desplazada por otra de una sencillez encantadora, pero no por eso menos importante.

*

significado de la cortesía

Las primeras palabras de cortesía que un niño debe aprender son: "Por favor" y "Gracias", y usarlas a lo largo de toda su vida. Son el "Abrete sésamo" del cuento de "Alí Babá y los cuarenta ladrones".

La amabilidad, respeto y consideración hacia todos forman el valioso conjunto llamado "cortesía".

"Tratar a todos como quisieras que te trataran a ti" es la regla de oro. Recuerda que la verdadera cortesía sale de dentro; no se trata de un instinto ni tampoco de un entrenamiento como el de los jugadores de futbol. El niño bien educado tiene una alegría interior que se proyecta a todos los que lo rodean, a diferencia del mal educado que, por lo general, es huraño y poco sociable.

El aprendizaje de la cortesía libera poco a poco al niño de su egoísmo natural y le permite convivir sanamente con todos.

Experimenta durante unas semanas las sencillas reglas que se mencionan a continuación y verás el cambio tan favorable que tendrás en tus relaciones humanas:

* Comparte con tus amigos tus juguetes y golosinas.

* Contesta "Sí, papá" o "No, señor Gómez", en lugar de "sí" y "no" a secas.

* Cuando una habitación esté cerrada, llama antes de entrar.

* Evita golpear las puertas y hacer demasiado ruido al subir o bajar escaleras.

* No interrumpas una conversación; espera a que la otra persona haya terminado de hablar.

* Da tu asiento en el metro o camión a los ancianos, inválidos o señoras con bultos o bebés.

* Habla en un tono de voz claro y tranquilo.
* Practica el hábito de la puntualidad.
* Ponte de pie cuando un adulto entra en la habitación y te saluda.
* Saluda a todos cuando llegues a algún lugar.
* Cede la acera a las damas y personas mayores.
* Ayuda a los ciegos a cruzar las calles.

Asimismo, toma en consideración las siguientes recomendaciones:

No aceptes acompañar a desconocidos que te encuentres en la calle.

No subas con ellos a ningún automóvil, ni comas golosinas que te ofrezcan manos extrañas.

Debes ser muy cauto y reservado con los adultos que no conoces. Relacionarte con desconocidos de cualquier sexo es muy peligroso.

*

qué logras con tus buenos modales

Aunque los niños aprenden directamente de sus padres los principios básicos de una buena educación, existen otros modales que también debes conocer. Tu papá y tu mamá siguen determinadas reglas de conducta que les permiten ser bien aceptados socialmente y tú deberás seguir su ejemplo. Un hijo de padres bien educados se convierte en un adulto aceptado por todos. Independientemente de la buen educación que recibas en tu hogar, los buenos modales provienen de un profundo sentimiento de generosidad y comprensión para los que te rodean y forman el conjunto de reglas para convivir en una comunidad.

La amabilidad y la consideración hacia tus semejantes son la base de los llamados "buenos modales", los cuales muestras a través de actitudes corteses que no molestan a nadie. Ten presente en todo momento que la indiferencia y la petulancia son los peores enemigos de los afectos sinceros.

Tus modales son aún más importantes que tu apariencia. Son la base de tu atractivo y encanto personal. Los buenos modales deben estar presentes en todo momento y proyectarse en tu hogar y fuera de él. Si eres educado con tus padres, hermanos, familiares o amigos, pero descortés con los desconocidos o viceversa, tu imagen dejará mucho que desear; del mismo modo, si eres atento y comedido con tus superiores y déspota o grosero con los sirvientes, limosneros y demás personas humildes pondrás de manifiesto tu falta de educación y total carencia de calidad humana. No olvides que los buenos modales te abrirán las puertas del éxito.

Entre los buenos modales básicos, e "tacto" ocupa un primerísimo lugar

Es el arte de evitar situaciones antipáticas que molestan a los demás. Tener tacto significa evitar fricciones, palabras hirientes, comentarios inoportunos y observaciones impertinentes.

*

tu relación con adultos y ancianos

Las buenas costumbres sugieren que los niños deben ser presentados a las personas mayores; nunca al revés. Cuando te presenten a un adulto, sea hombre o mujer, invariablemente deberás ponerte de pie, estrechar su mano y mencionar claramente tu nombre y apellido. Por ejemplo: "Mucho gusto en conocerla, señora Gómez. Pedro Ramos para servirles." Es conveniente que una vez terminada la presentación, digas "Con permiso" y te retires, con objeto de permitir que las personas mayores continúen platicando con toda libertad.

Por el contrario, las presentaciones entre niños son informales. Será suficiente dar tu nombre y apellido y estrechar la mano de tu nuevo conocido.

Es de elemental educación que siempre que una persona adulta visite tu casa, aunque sea de mucha confianza o tu pariente, apagues inmediatamente la radio, consola o televisión si estuvieran encendidas en el lugar de reunión, para evitar que interrumpan la conversación de los adultos. Recuerda que no toda la gente gusta de cierta música juvenil o programas para niños. Si la visita llegase acompañada de otros niños, puedes invitarlos a ver, si lo desean, los programas de TV en tu cuarto. Si prefieren jugar, deberás darles gusto. Recuerda que están en tu casa.

Si el visitante busca a alguien que no se encuentre en ese momento, debes hacérselo saber y proporcionarle papel y lápiz si desea dejar un recado escrito. Si supones que la persona que busca llegará de un momento a otro, tu deber como anfitrión es invitarlo a pasar, y ofrecerle café, té, refresco o cualquier golosina.

Jamás olvides que ser descortés con las visitas es de pésimo gusto y que te será muy difícil borrar la mala impresión posteriormente. Por lo tanto esfuérzate por ser muy atento y respetuoso con todos aquellos que lleguen a tu casa.

El respeto y la modestia son dos características indispensables para causar una buena impresión a las personas mayores.

Aunque es probable que las opiniones de los adultos o de los ancianos te parezcan no sólo absurdas sino pasadas de moda, por ningún motivo deberás demostrarlo; es más, debes ser prudente y amable. Recuerda que ellos poseen el buen juicio, la sabiduría y la experiencia que la niñez está muy lejos de tener y que no aprenderás en ningún libro.

Más pronto de lo que crees, tú también serás adulto y posteriormente viejo; tendrás la agradable y humana tarea de guiar a las nuevas generaciones; así que de ninguna manera deberás despreciar ahora las enseñanzas de quienes son más sabios que tú, por razón lógica y natural.

No te muestres huraño o callado ni

caigas en el error de confundir el respeto con el temor. Haz un esfuerzo por establecer con los adultos y ancianos una relación auténtica, espontánea y llena de esa frescura tan característica de los niños, demostrando en todo momento tu buena educación.

Amar y respetar a los ancianos es algo muy bello y una cualidad indispensable en todo ser humano de nobles sentimientos. Ten la seguridad que poco a poco te resultará más y más agradable tratar con los adultos y ancianos interesados en ti y en tu futuro.

Al caminar por la calle, cede la acera a los mayores con objeto de protegerlos del tránsito de vehículos o salpicaduras de lodo durante la época de lluvias. Asimismo, ayúdalos a subir o a bajar de vehículos tales como automóvil, "metro", camión. No olvides sostener la portezuela del coche. En los transportes públicos, los niños bien educados invariablemente ceden su asiento a los ancianos, inválidos, señoras embarazadas y personas cargando bultos.

Aunque la brecha entre generaciones propicia diferencias en la forma de pensar, anímalos a que te cuenten anécdotas de su juventud que seguramente te resultarán muy interesantes. Si tienes problemas, pídeles consejo. ¡No te arrepentirás!

Creo que te gustará saber que los seres humanos se mantienen en la cúspide de su capacidad creadora aun en la vejez, y que en asuntos de política los años resultan una ventaja. Además, el florecimiento en la productividad intelectual, se inicia entre los 38 y 45 años.

Como puedes ver el famoso IQ (coeficiente intelectual) no disminuye con la edad.

Los niños deberían considerar un verdadero privilegio convivir con adultos y ancianos. Ellos, a su vez, les harán el magnífico regalo de su experiencia, conocimientos y dedicación.

Me gustaría narrarte una pequeña historia anónima, aunque no por ello menos ilustrativa:

Un niño vivía con su padre y con su anciano abuelo a quien su propio hijo obligaba a comer lejos del ambiente familiar, en un oscuro y maloliente cuarto de madera. Un día el padre encontró al niño clavando unos maderos largos y gruesos.

— ¿Qué haces, hijo? —le preguntó.
— Ya lo ves. Construyo el cuartucho de madera en el que comerás tú cuando tengas la edad de mi abuelito.

Para ti, niño o niña que lees este librito, será muy fácil encontrar la moraleja. ¿No es cierto?

*

tu comportamiento social

Fiestas Infantiles. — Seguramente esperas ansioso el día de tu cumpleaños, fecha importante para toda la familia, en la que tus padres te harán una fiesta.

Si tienes hermanos mayores, es probable que ellos puedan ayudarte a mantener el orden, así como atender a tus invitados.

Te aconsejamos que preferentemente invites sólo a niños que conozcas bien, como compañeros de escuela, primos y vecinos; procura que todos sean más o menos de tu misma edad, porque los niños demasiado pequeños extrañan a sus mamás y al verse entre desconocidos seguramente comenzarán a llorar, estropeándote la fiesta.

Para adornar tu mesa puedes usar servilletas de muñequitos, cartulinas de co-

lores con figuras de animalitos, vasos y platos de plástico de diferentes colores; coloca sobre los platos pequeñas sorpresas envueltas en papel de estaño y, por supuesto, gorritos y globos colgados del techo de la habitación. Desde luego que no debe faltar el tradicional pastel de cumpleaños con las correspondientes velitas las cuales deben ser apagadas de un soplo.

Tu fiesta debe desarrollarse en un

ambiente de alegría, pero al mismo tiempo de sencillez.

La comida no debe ser ostentosa. Tal vez sandwiches, refrescos, dulces, gelatinas, flanes o helados, serán más que suficientes.

No olvides agradecer todos los regalos que recibas; si alguno no es de tu agrado, por ningún motivo hagas comentarios, ni mucho menos comparaciones con otros obsequios más elegantes.

Todos los educadores coinciden que los regalos a los niños deben ser muy sencillos; la imaginación infantil les sacará mucho partido.

Si tus padres cuentan con recursos económicos existe la posibilidad de que contraten a un mago, payaso, o a un conjunto de títeres. Si eso no fuera posible, puedes organizar juegos que no cuestan ni un centavo y que animarán tu cumpleaños. Pide a tus hermanos mayores que te ayuden a ello.

Puedes sugerir concursos de baile o de canto, equipos de adivinanzas, o si cuentas con jardín o patio grande resulta divertido jugar a la "roña" o a los "encantados".

Puedes utilizar un piano para el juego de las sillas musicales; si no tienes este instrumento musical, el problema te lo resuelve un tocadiscos. Por otra parte, el juego de las prendas anima nucho las reuniones de niños.

¡Con un poco de imaginación tu reunión será todo un éxito!

Cuando llegue el momento de despedirse, no olvides ir con tus amiguitos a la puerta, si es posible acompañado de tus papás, y agradecer a uno por uno el haber asistido en ese día tan especial para ti.

Reuniones de adolescentes. — Si ya cumpliste tus doce años, es muy probable que te interesen más las reuniones de muchachos y muchachas de tu misma edad que las reuniones de muchachos de tu propio sexo. Con el tiempo, verás que te resulta más fácil alternar socialmente y actuar con aplomo y naturalidad.

Te aconsejamos que platiques con tus padres sobre la posibilidad de que de vez en cuando celebres una reunión en tu casa, con objeto de que ellos conozcan a tus amigos. La adolescencia es una etapa difícil y peligrosa, así que debes ser cuidadoso con tus amistades.

Es probable que tus padres sean amigos de los padres de muchachos de tu misma edad y clase social, por lo que resultaría muy útil y divertido que ellos

también tomaran la iniciativa para ayudarte a organizar fiestas informales, días de campo, lunadas, grupos culturales, etcétera.

Reúne en tu casa a tus amigos con sus respectivos padres y comenta con todos la mejor forma de organizar el grupo. Toma en cuenta que es necesario contar aproximadamente con el mismo número de muchachos que de muchachas. Haz una lista de los invitados, fecha, tipo de reunión y la hora aproximada de llegada y salida.

Es probable que entre tus amigos encuentres a alguien que sepa tocar un instrumento musical. Sugiérele que lo lleve y verás que tu reunión resulta mucho más agradable. Asimismo, todos los que tengan aptitudes artísticas pueden contribuir al éxito de la fiesta.

Toca a las madres de familia decidir qué platillos serían aconsejables y la forma en que se deben servir.

Los muchachos deben hacerse cargo de comprar, con su propio dinero, refrescos, servilletas, botanas, trastos desechables y ponerse de acuerdo sobre cómo se van a dividir los gastos.

Todos los jóvenes deberán retirar los objetos delicados y muebles que estorben, así como llevar tocadiscos, grabadora, casetes y discos de moda, si el dueño de la casa no los tiene.

Una vez que termine la reunión, los invitados, incluyendo al dueño de la casa, deberán dejar todo en perfecto orden y retirarse a una hora discreta.

*

desarrolla tus aptitudes artísticas

Si tienes facilidad para bailar, cantar, recitar, tocar algún instrumento musical, etcétera, comienza cuanto antes a desarrollar tus habilidades. Verás que además de divertido, conocerás a otros niños que temen mostrar sus habilidades con quienes puedes simpatizar.

Todas las manifestaciones artísticas te ayudarán a penetrar en un mundo fascinante y, posiblemente con el tiempo, puedas convertirte en todo un profesional.

Los niños que saben cantar, bailar, tocar instrumentos musicales, tienen mayor popularidad que los niños cohibidos que nada saben hacer. Comienza desde ahora a cultivar tus aptitudes artísticas, aunque sea como pasatiempo.

Sería muy aconsejable que asistieras a buenas obras de teatro, ballet, ópera y, en general, a espectáculos selectos que contribuirán a desarrollar tu buen gusto por los espectáculos que son realmente refinados.

*
el arte de conversar

Estamos seguros que el primer contacto que tuviste con el lenguaje fue a través de tus padres; ellos te enseñaron a construir tus primeras frases que poco a poco se hicieron más complicadas, para poder establecer la comunicación. Es un hecho que la influencia de tus padres y del ambiente en que te desenvuelves, se reflejan directamente en la forma en que te expresas.

La palabra es uno de los lazos más importantes que une a los seres humanos, y la manera de hablar de una persona revela su educación y modo de ser.

Cuentan que Sócrates, famoso filósofo griego que vivió y predicó en Atenas, dijo a un joven a quien acababa de conocer: " ¡Habla, para que pueda verte!"

Tenemos en nuestro idioma un teso-

ro que debemos amar y honrar. ¡Qué lástima que lo echemos a perder con nuestra falta de interés!

Acude periódicamente a bibliotecas donde encontrarás magníficos libros infantiles que además de hacerte pasar un buen rato, te ayudarán a mejorar tu idioma.

Aunque asistas al colegio más caro y exclusivo, escucharás malas palabras que por lo general no sabes qué quieren decir. Los niños bien educados nunca dicen tales palabras.

Si bien es cierto que en todos los países del mundo, temporalmente se ponen de moda entre la niñez y adolescencia ciertas expresiones llamadas *in*, procura usarlas mínimamente y trata de hablar con la mayor propiedad posible.

El primer requisito para que una conversación resulte agradable es el tono de voz. Esfuérzate por educar tu voz y evita los tonos demasiado agudos, estridentes o chillantes, pero tampoco hables tan bajo que nadie pueda oírte. Como ejercicio, lee diariamente en voz alta, pon tu grabadora y después escúchate.

Observa a las personas cultas y comprobarás que casi siempre hablan despacio, sin atropellamientos; cuida que tu dicción sea lo más clara posible. No hay nada tan desesperante como hablar con personas que sólo mascullan las palabras.

La conversación no se forma únicamente de palabras, ya que lo que expresas lo puedes completar con una sonrisa, una mirada o ademanes.

A continuación te damos algunas sugerencias que pueden ayudarte a ser un buen conversador.

No hables sólo de ti. Deja que la otra persona también platique y escúchala con interés. Acaparar la conversación es de mala educación.

Tu conversación no debe nunca girar sobre chismes, críticas, murmuraciones e indiscreciones. Nunca divulgues secretos que te han sido confiados. Condúcete con discreción en todo momento.

Cuando alguien toque temas inoportunos o hirientes, usa tu buen tino para cambiar rápidamente la conversación.

Algo muy importante es que jamás digas mentiras; recuerda que para apoyar una mentira necesitas decir muchas más, y tarde o temprano se descubrirán.

Si no se te ocurre nada para mantener el interés de la conversación, limítate a escuchar. Esta práctica tan sencilla probablemente haga que los demás te consideren buen conversador.

Desde pequeño acostúmbrate a "pensar para hablar" y no "hablar sin pensar". No digas lo primero que se te ocurra con tal de hablar, ni pienses "en voz alta". Esta mala costumbre ha metido en aprietos a muchas personas. No lo hagas. Evita hablar con la boca llena y, por favor, ¡no masques chicle!

Si has vivido en el extranjero por largo tiempo o alguno de tus padres es de nacionalidad distinta a la tuya, probablemente se te presente el problema de dualidad de idiomas.

Seguramente conoces niños en cuyas casas se habla el idioma del lugar de nacimiento de su padres, y fuera de ella el del lugar donde viven.

Los niños tienen facilidad para aprender idiomas debido principalmente a dos factores: buena memoria y oído, dones que, con excepciones, son privilegio de la niñez.

Aunque hables otros idiomas, siempre habrá uno que domines mejor. Este es precisamente el llamado "idioma materno" o "primer idioma" que es el que se habla en el medio en que te desenvuelves y no necesariamente el idioma natal de tu madre.

Te aconsejamos que por ningún motivo mezcles dos o varias lenguas, aunque sea una que otra palabra de cada una; es de pésimo gusto y da la impresión de que quien lo hace, alardea de su conocimiento.

Cuando hables en español, habla buen español, cuando hables en inglés o en cualquier otro idioma, también háblalo correctamente.

*

la habilidad de hablar por teléfono

La cortesía, claridad en la voz y grandes dosis de amabilidad son indispensables durante una conversación telefónica. No olvides que la persona del otro lado de la línea no puede ver la expresión de tu cara o tus gestos. Por lo tanto, la única impresión que puede formarse de ti es a través de tu voz y de la habilidad con que te expreses.

El aparato telefónico está diseñado para hablar con el tono de voz natural. Hablar demasiado alto distorsiona la voz, principalmente en llamadas de larga distancia.

La persona que llama debe identificarse inmediatamente. Por ejemplo, "Habla Mónica". Evita siempre expresiones como: "¿Sabes quién soy?"

Estas frases, además de molestas, propician pérdidas innecesarias de tiempo.
Procura que tus llamadas sean breves
para no bloquear dos teléfonos simul-
táneamente: alguien podría estar lla-
mando a tu casa o a la de tu interlocu-
tor para algo verdaderamente urgente y
encontrarse con las líneas incesantemen-
te ocupadas. Evita las conversaciones te-
lefónicas largas, son desesperantes.

Cuando entra una llamada equivocada, ¿hablas con naturalidad y cortesía diciendo, "Lo siento, llamada equivocada" o groseramente reniegas y aporreas la bocina? Asimismo la persona que marca el número equivocado debe disculparse y colgar suavemente.

Ten a la mano papel y lápiz para anotar los datos que quieras preguntar y tomar los recados que dejen a alguna persona de tu familia; si ésta no se encuentra en ese momento, amablemente debes informar la hora aproximada en que se le puede volver a llamar. Rectifica el recado y despídete cordialmente.

Cuando hagas una llamada, marca el número e identifícate rápidamente con tu nombre y apellido. Es de elemental educación que la persona que llama cuelgue primero y en caso de que se interrumpa la comunicación, a ella toca volver a marcar.

Si tienes visitas, debes abreviar al máximo tu conversación telefónica o bien disculparte y volver a llamar cuando ya se hayan ido. Si te encuentras en casa ajena y te urge hablar por teléfono, debes solicitar la autorización de alguno de los dueños de la casa, y no olvides ser muy breve.

*

tus modales en la mesa

Los buenos modales en la mesa son muy sencillos y te ayudarán a disfrutar más de la comida y conservarte sano. Si recuerdas siempre que la cortesía es lo primero, gozarás más la hora de la comida y nunca tendrás dificultades.

El niño desde muy pequeño siente agrado por determinados alimentos y desagrado por otros, lo que es muy normal. Si los adultos tienen derecho a sentir aversión por determinados platillos, ¿por qué los niños no? Lo sensato es respetar sus gustos hasta cierto límite pero animarlos a probar diferentes comidas.

Aun cuando ciertos alimentos te desagradan debes aprender a disimularlo, especialmente si te encuentras en casa ajena. La práctica te ayudará a obtener un cierto dominio de ti mismo, tan ne-

cesario en una persona bien educada.
Por ningún motivo deberás decir a la señora de la casa "Eso no me gusta" pues
demostrarías no sólo una pésima educación, sino que la harías sentir muy mal.

De acuerdo con los psicólogos, las comidas deben convertirse en momentos
de alegría que además propician una
buena relación y comunicación entre
padres e hijos. Desde los primeros días
de vida del ser humano la lactancia es

de intensa felicidad para el recién nacido. Es alrededor de la mesa donde se toman las decisiones importantes para el bienestar de la familia. Recuerda esa frase tan sabia que dice: "La familia que come unida, permanece unida."

Como en la actualidad la mayoría de las amas de casa tienen que salir a trabajar, es posible que su horario de comida sea variable, en cuyo caso, aun sin la presencia de sus padres es preferible que los niños coman a sus horas. Sin embargo, los fines de semana deben aprovecharse para comer todos juntos.

En la página 54 te mostramos la forma correcta en que deben colocarse en la mesa los cubiertos, vasos y servilletas. (Verás qué sencillo y agradable resulta hacerlo.) Sin embargo, la cantidad de instrumentos, puede aumentar de acuerdo con los alimentos que se van a servir, por ejemplo:

El plato sopero invariablemente debe colocarse encima del plato extendido. Si se va a dar arroz o pasta seca, se pone otro tenedor del lado izquierdo.

1. Platito y cuchillo para la mantequilla 2. Servilleta 3. Tenedor 4. Plato extendido 5. Plato hondo 6. Cuchillo 7. Cuchara sopera 8. Cucharita para postre 9. Vaso.

La taza, sobre su respectivo platito, se coloca del lado derecho, después de las cucharas. Las copas van junto al vaso, también del lado derecho, en el siguiente orden: primero la de agua, después la de vino blanco y por último la de licor.

Debido a la escasez de personal doméstico, posiblemente los niños deban turnarse para ayudar a su mamá en los trabajos de la casa. No olvides que formar un buen equipo entre todos, simplifica grandemente el trabajo. Además no es justo que ella sola tenga que realizar las pesadas faenas domésticas. Afortunadamente esos tiempos ya quedaron atrás.

Al poner la mesa ten cuidado con el buen estado de platos, cubiertos, vasos y mantel. La mesa refleja la educación de la familia. Asimismo revisa que todo esté muy limpio y que presente un aspecto agradable.

Cuando te toque servir la mesa, coloca los platones al centro. Generalmente la señora de la casa se sirve primero y después el platón circulará para que todos hagan lo propio.

Si la familia es muy numerosa, sugerimos que el platón se coloque a la izquierda de la señora de la casa, para que sea ella la que sirva, ya que conoce bien los gustos de todos.

Por lo general, la jarra de refresco se coloca al centro de la mesa para que cada uno se sirva. Al estirar el brazo por encima del plato de otro, no olvides decir "Con permiso".

Si tienen invitados, debes retirar los platos siempre por el lado derecho, sujetándolos con la mano izquierda. Inmediatamente lleva todo lo sucio a la cocina, colócalo en el fregadero y, si es necesario, lava los trastos y déjalos en perfecto orden.

En las siguientes ilustraciones encontrarás instrucciones detalladas sobre el comportamiento que debes seguir en la mesa. Estúdialas detenidamente y verás lo útiles que son.

Cuando seas grande y acudas a fiestas y recepciones formales, no tendrás temor de cometer errores que puedan incomodarte. No olvides que tus buenos modales son la mejor tarjeta de presentación.

PRINCIPALES REGLAS QUE NUNCA DEBES OLVIDAR

* Sentarte a una distancia correcta de la mesa, lo más derecho que puedas, de tal manera que no quedes muy separado de ella. Recuerda que la silla no es un columpio ni mucho menos un juguete, por lo tanto no debes columpiarte ni jugar con ella.

* Inmediatamente después de que te hayas sentado debes tomar la servilleta y colocártela sobre las piernas.

* Jamás debes poner los codos o todo el antebrazo sobre la mesa, y, mucho menos, recostarte o estirarte en ella.

* Es de muy mal gusto y de pésima educación el atravesarte y alargar tu brazo para alcanzar el salero o algo que necesites. Debes pedirlo a la persona que lo tenga más cerca, siempre con las palabras mágicas "Gracias" y "Por favor".

* Debes tomar los cubiertos por el mango, lo más arriba que puedas, de manera que nunca te ensucies los dedos.

* El vaso se toma con una sola mano de la parte más baja. Siempre límpiate la boca con la servilleta antes de beber, pues es muy desagradable ensuciar el vaso con la comida que tengas en la boca. También lo debes hacer al terminar de beber. Recuerda que siempre debes tomar sorbos pequeños.
* El tenedor es el único que puede cambiar de una mano a la otra. Sólo

debe estar en la izquierda cuando lo usas para ayudarte a partir y tienes el cuchillo en la mano derecha. Jamás uses el tenedor con la mano izquierda para llevarte alimentos a la boca. Después de que hayas partido la carne, deja el cuchillo en el borde del plato, cambia de mano el tenedor, pica el pedazo de carne y llévatelo a la boca con la mano derecha.

* Cuando te pasen el platón debes tomar la porción que te quede más cerca; y no olvides servirte con moderación y comerte todo.

* Puedes ayudarte con un pedacito de pan o galleta para empujar la comida y tomarla del plato, fácilmente, con el tenedor. Nunca uses los dedos o cuchillo para empujar los alimentos.

* El platito de pan y la mantequilla siempre van del lado izquierdo y el vaso, taza o copas se colocan del lado derecho.

* Si necesitas partir el pan, debes hacerlo siempre encima de un plato, de otra manera, las migajas caerán por

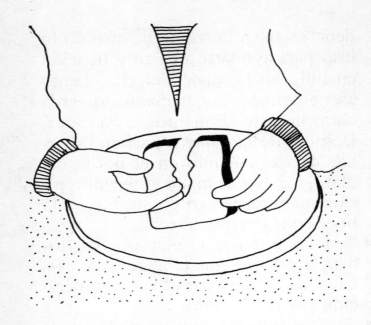

toda la mesa. El pan debes partirlo en porciones a medida que lo comes.

* Debes comer a un ritmo moderado: ni demasiado aprisa ni demasiado despacio, manteniendo siempre la boca cerrada al masticar.

* Cuando no utilices las manos, colócalas sobre el regazo.

* No es correcto que huelas los alimentos o soples sobre ellos cuando se encuentren muy calientes. Si el olor

te desagrada dí que no lo apeteces, pero no digas por qué. Si algo está demasiado caliente, ve tomando el alimento poco a poco en porciones muy pequeñas.

* No debes tomar ningún líquido si aún tienes comida dentro de la boca.

* Nunca te amarres la servilleta al cuello y mucho menos te limpies los dedos con la lengua en lugar de usar la servilleta.

* Debes pedir permiso para levantarte de la mesa, si a ella hay aún personas sentadas.

ACTITUDES QUE DEBES EVITAR

* Dejar la cuchara dentro de la taza.
* Llevarte el cuchillo a la boca.
* Abrir la boca y hacer ruidos al masticar.
* Sorber ruidosamente la sopa o los alimentos líquidos.
* Tomar bocados tan grandes que

apenas puedas masticar.

* Hacer muecas o ruidos con la boca para limpiarte los dientes de algún pedacito de comida que se te haya quedado en ellos.
* Hablar con la boca llena.
* Introducirte un palillo o el dedo a la boca para limpiarla de algo que se te haya quedado dentro.
* Chuparte los dedos.
* Interrumpir o levantar la voz para hacerte oír.
* Menearte como gusanito por toda la silla y no guardar la compostura debida.
* Jugar con los cubiertos o sujetarlos como si fueran banderillas.
* Presentarte a la mesa sucio, sin peinar y con aspecto desarrapado.
* Agacharte sobre la mesa para llevarte los alimentos a la boca.
* Llevarte un bocado a la boca sin haber terminado el anterior.
* Empezar a comer antes que los demás.

Queremos aprovechar la oportunidad para hacerte algunas recomendaciones que te ayudarán a proteger tu salud a lo largo de tu vida.

Uno de los alimentos más ricos en propiedades alimenticias es el yogur. ¡Y qué decir de la miel! Experimentos con niños demostraron que una cucharada diaria de miel les mejoró notablemente su ánimo y aspecto general; además, es una fuente inagotable de energía. Desde hace más de dos mil años, los atletas griegos se preparaban para los Juegos Olímpicos tomando grandes cantidades de miel.

Por el contrario, el azúcar no tiene ningún valor nutritivo. Evita comer demasiados dulces, budines y mermeladas porque además de propiciar la caries dental, son de difícil digestión.

Es preferible que pidas a tu mamá que te sirva mayores cantidades de fruta, jugos naturales, verduras, leche, huevos, queso y carne.

Tomar diariamente suficiente agua es indispensable para evitar el estreñimiento y mantener la salud del organismo. La falta de una dosis adecuada de agua ocasiona grandes trastornos, entre ellos una intoxicación general. Olvídate de los refrescos embotellados que son tan nocivos y toma aguas frescas de frutas naturales.

Te aconsejamos que evites el consumo de "antojitos" en los puestos callejeros. La falta de higiene de estos lugares salta a la vista y estarías propenso a contraer enfermedades gastrointestinales, entre otras, la tifoidea.

Come alimentos "vivos", o sea, sin procesar, en vez de "muertos"; busca alimentos que proporcionen vitaminas, minerales y otros elementos importantísimos para las células del cuerpo, en lugar de comer cualquier cosa.

*

las relaciones con tus padres

¿Sabías que educar a los hijos dentro de un ambiente de amor y confianza es todo un arte?

Si tienes la suerte de que tus padres te estén educando con autoridad y tolerancia al mismo tiempo, te aseguramos que a lo largo de tu vida gozarás del equilibrio necesario para lograr un perfecto desarrollo, tanto emocional como mental.

Un diálogo amistoso con tus padres y demás miembros de tu familia, crea un ambiente agradable que permite dar una mejor solución a los problemas que inevitablemente surgen entre padres e hijos.

Seguramente tú, al igual que todos los niños, deseas tener autoridad; pero

recuerda que la verdadera autoridad se impone sin fuerza ni violencia. Observa a las personas mayores que se encuentran a tu alrededor y que te parecen inteligentes. Todas ellas tienen las mismas características: son tranquilas y dueñas de sí, porque conocen el camino de la vida. Permíteles que sean tu guía, tu modelo.

Educar no significa dar una paliza o maltratar al niño. En nuestra opinión, estos castigos no sólo son reprobables, sino que en algunos casos los resultados han sido verdaderamente dramáticos. Es mejor orientar al niño y explicarle la conveniencia de obedecer y seguir los consejos de las personas mayores y, por supuesto, de sus propios padres.

Los siguientes párrafos desearíamos dedicarlos a los padres. Probablemente pueden serles de alguna utilidad.

Orientar es sumamente difícil, ya que en todo momento debe hacerse con tacto. Por ejemplo, no se debe llamar la atención a un adolescente de catorce años en la misma forma que a un niño de cuatro.

En términos generales, los disgustos grandes o pequeños entre el niño y sus padres podrían considerarse normales hasta cierto punto. Una de las principales fuentes de conflicto entre padres e hijos la constituyen las constantes llamadas de atención que hacen los primeros en su intento por enseñar los límites a sus pequeños.

A partir de los tres años, el niño empieza a sentirse independiente y capaz de hacer infinidad de cosas.

Por esta razón su educación se torna difícil. Sin embargo, es obligación de papá y mamá manejar las crisis de su pequeño con grandes dosis de paciencia... incluso de buen humor. Después de todo, son pasajeras.

Posteriormente se presenta la crisis de la adolescencia, que es mucho más seria. Generalmente aflora hacia los catorce o quince años en los varones, y en las mujeres hacia los doce. Es la tan conocida "edad de la punzada". Ya no se les puede tratar como niños toda vez que se sienten "personas mayores que saben lo que hacen". En esa edad se acumulan varias dudas sobre si la educación y enseñanzas que han recibido son las adecuadas. Además, les encantaría poder conversar con una persona madura e inteligente que los comprenda y que posea la sabiduría que únicamente se obtiene a través de la experiencia.

El principal deber de los padres es orientar a sus hijos y enseñarles el camino a seguir. Pero una vez que éstos llegan a determinada edad, ¿serán suficientes los ejemplos y experiencias de los padres? ¿No les parece que es preferible que los hijos determinen con base en sus propios éxitos y fracasos qué desean ser en la vida? El tan popular dicho "Nadie experimenta en cabeza ajena" entraña una enorme sabiduría.

¿Han pensado los padres alguna vez que ese hijo, objeto de todos sus desvelos, los abandonará algún día? Desde que nace, sus progenitores deben prepararse emocionalmente para cuando llegue ese momento, y prepararlo también a él permitiéndole cierta independencia e inculcándole, sobre todo, una de las cualidades más importantes a tener: la responsabilidad. Una persona responsable tiene parte del éxito asegurado.

Sin embargo, enseñar al niño a ser independiente, de ninguna manera significa permitirle hacer todo lo que quiera, ni tampoco abandonarlo en situaciones difíciles. Esto propiciaría que se desalentara y perdiera la confianza en sí mismo y en los demás. La seguridad de que en todo momento cuenta con el ca-

riño y consejo de sus padres le hará sentirse tranquilo y confiado.

Desde pequeño debe cumplir con ciertas responsabilidades que irán siendo mayores a medida que crezca. Por ejemplo: ayudar a su mamá o demás familiares a recoger la mesa, hacer algunos mandados, cuidar a sus hermanos menores, ayudar a lavar el automóvil, etcétera. Al principio tendrá algunos tropiezos, pero poco a poco se irá familiarizando con las tareas que le han sido asignadas. Todo esto constituye un magnífico entrenamiento que le será de gran utilidad en su formación.

Los padres enfrentan cotidianamente infinidad de problemas como la carestía, el desempleo, la falta de servicio doméstico o las dificultades de transporte. Estos contratiempos se hacen más ostensibles en las grandes ciudades, ocasionando que algunas veces no estén precisamente del mejor humor para batallar con sus hijos ni mucho menos resolverles sus problemas. Es lógico que los niños se sientan ignorados y, por ende, pierdan la confianza en sus progenitores.

Ya que hemos mencionado la palabra "confianza", se impone una pregunta a los padres: ¿Tienen confianza en sus hijos? ¿Les han hablado claro sobre los peligros a que están expuestos? En el momento oportuno, ¿se han preocupado por darles una educación sexual sana? ¿Han constestado con toda naturalidad las preguntas que sus hijos les han hecho sobre ciertos temas?

Casi todos los educadores coinciden en que al niño hay que contestarle su pregunta concretamente. No es aconsejable proporcionarle demasiada información para evitar así despertarle inquietudes antes de tiempo.

Mantener una relación armoniosa entre los miembros de la familia es la clave de la felicidad, a pesar de que a veces resultan inevitables algunas desavenencias ocasionadas principalmente por las diferencias de edad.

Los niños son muy observadores y rápidamente detectan las malas costumbres de los adultos. En la educación de los niños, el principal factor es el *ejemplo*.

Toca a los padres ser amigos de sus hijos, comprenderlos; respetar su forma de pensar aunque les parezca equivocada; compartir experiencias positivas y negativas; interesarse por sus amistades, aficiones, gustos, etcétera.

En cuanto a ti, querido niño, desde ahora debes aprender a respetar a tus padres. Recuerda que ellos te dieron la vida y con gusto se sacrificarían por tu bienestar. Tener a tus padres es el regalo más grande que puedes poseer. ¡Amalos profundamente!

*

hora de ir a la cama

Aunque es conveniente establecer una hora fija para ir a la cama con objeto de que los niños descansen lo suficiente para levantarse frescos y animosos al día siguiente, muy pocos se acuestan contentos y sin protestar.

La televisión es una de las causas principales del mal hábito de acostarse tarde. Es conveniente que tú, mi querido niño o niña, conozcas el momento en que debes retirarte del televisor, ya sea por tu corta edad o por tus estudios.

Si tus padres desde un principio establecen un orden, no habrá necesidad de discusiones ni protestas. Además, las horas que le robas al sueño perjudican tu salud y energía.

Antes de acostarte debes guardar los

juguetes o útiles que hayas dejado tirados y revisar que todo esté listo para el día siguiente: tu tarea terminada, tu ropa limpia, tu uniforme impecable, tus zapatos boleados, tus útiles arreglados, etcétera.

Revisa que no quede nada fuera de lugar; así todo será más fácil y no perderás tiempo en cosas que pudiste haber adelantado desde la noche anterior.

¿Sabías que cuando estabas recién

nacido dormías dos terceras partes del día? A medida que creces, tus necesidades de sueño disminuyen y cuando seas adulto dormirás únicamente una tercera parte del día, esto es, 8 horas.

Simplemente como información, te proporcionamos los promedios de horas de sueño de los niños de acuerdo con sus edades:

1 año	14 hs.
2 años	13 hs.
4 años	12 hs.
6 años	11 hs.
9 años	10 hs.
13 años	9 hs.

Antes de meterte en la cama procura rezar las oraciones que te indica la religión a la que pertenezcas; si toda la familia reza unida, tanto mejor. Además, no olvides pedirles a tus padres que te den su bendición y no los prives de tu beso de buenas noches. Esta hermosa costumbre fortalece los lazos de unión entre padres e hijos.

Algunos padres aprovechan esta hora tranquila para iniciar una amable charla con sus hijos y que éstos les comenten todo lo que desean. Un rato de buena lectura también favorece un sueño tranquilo y desarrolla la imaginación y la reflexión. A propósito, ¿qué te parece si reflexionas unos minutos sobre tu comportamiento del día que está por terminar? Meditar sobre nuestras actitudes cotidianas ayuda a mejorarnos espiritualmente. Disfruta diariamente de unos minutos contigo mismo y verás muy pronto los resultados.

Si eres el primero en levantarse en la mañana, procura no hacer ruidos que molesten a las personas que aún están descansando.

Hacer ruido es una falta de consideración para los demás, así que evita golpear las puertas, hablar demasiado alto, encender el radio a todo volumen, cantar, bajar y subir estrepitosamente las escaleras. Estos ruidos tan molestos no sólo despiertan a los adultos sino que los ponen de mal humor.

Como existe la posibilidad de que antes de salir para tu escuela debas ayudar a tu mamá en el desempeño de algunas tareas domésticas tales como preparar el desayuno, tender camas, bañar a tus hermanitos pequeños, ir por la leche o el pan, etcétera, calcula bien la hora de levantarte para que evites carreras y olvidos involuntarios ocasionados por las prisas.

Antes de salir, no olvides tomar un

buen desayuno. Recuerda que es la comida más importante del día.

*

tus hábitos de higiene

La falta de baños suficientes para atender las necesidades de una familia numerosa, es uno de los problemas que presentan los departamentos tan reducidos que se construyen en la actualidad.

La única forma de resolverlo es mediante una buena organización y la cooperación de toda la familia.

Probablemente los niños pequeños que aún no asisten a la escuela puedan bañarse en la noche y una vez en pijama, tomar su merienda.

Organizar bien la hora en que toca a cada miembro de la familia utilizar el cuarto de baño es aconsejable. Algunas amas de casa acostumbran pegar en la puerta del baño una lista con el horario correspondiente a cada uno.

Presentar un aspecto pulcro es obligación de toda persona bien educada; demuestra consideración hacia los demás y hacia nosotros mismos. No hay nada más desagradable que un aspecto sucio y descuidado. Desde pequeño acostúmbrate a andar siempre "como gota de agua".

Para empezar, cada uno debe tener su propio equipo de limpieza o al menos los utensilios indispensables como esponja o algo similar, toalla, desodorante, peine, cepillo para el cabello y cepillo de dientes.

Como tú eres un niño bien educado, seguramente deseas cooperar al buen aspecto del cuarto de baño. Es sumamente desagradable para la persona que entra después, encontrar todo fuera de lugar. El agua jabonosa regada en el piso puede ocasionar accidentes con resultados lamentables como fracturas de huesos.

Los expertos en hábitos de higiene sugieren que la temperatura ideal del agua debe ser templada. Una ducha rá-

pida de agua fría en verano, actúa como
vigorizante y deja una sensación de bienestar.

Un buen baño significa enjabonar
cuidadosamente cada parte de tu cuerpo, cepillándola vigorosamente con una
esponja, cepillo, estropajo o cualquier
otro utensilio adecuado. Las axilas requieren de una limpieza absoluta para
evitar el mal olor de la transpiración.

No olvides lavarte muy bien el cue-

85

llo, la cara, los pies y las orejas. Puedes introducir con mucho cuidado un hisopo para evitar la acumulación de cerilla. Además, mantén tu cabello sano y brillante lavándolo bien.

Las manos deben mantenerse impecables y lavarse diariamente tantas veces como sea necesario. El cabello bien peinado y cepillado proporciona una buena apariencia.

Me gustaría comentar algo sobre la importancia del cuidado completo de tus dientes: todo lo que comemos y bebemos entra en nuestro organismo por medio de la boca. ¡Imagínate lo indispensable que es mantenerla perfectamente limpia y fresca! Los dientes picados o a punto de picarse propician infecciones terribles en todo el cuerpo, independientemente del dolor insoportable que causan. En todas partes venden pastas de dientes que contienen ingredientes que evitan la caries y el mal olor. Lávate muy bien tres veces al día.

Como complemento a tu higiene bucal, es recomendable usar alguna solución antiséptica para matar gérmenes directamente responsables del mal estado de los dientes y peor aún, de la temible piorrea. Tratándose de la boca, ninguna precaución es exagerada.

Insistimos en que antes de abandonar el cuarto de baño no olvides secar el agua que haya caído en el piso; pasar un paño por el espejo del lavabo que seguramente se ha empañado por el vapor; sacar tu ropa; colgar tu toalla para que se seque y nunca dejarla amontonada en el suelo; enjuagar el jabón; quitar los cabellos que hayan caído en el lavabo; tapar los frascos que hayas usado; lavar bien tu cepillo de dientes, peine y cepillo de cabello.

En fin, revisa que todo esté en orden y si falta papel higiénico, toallas o cualquier otro aditamento, infórmalo a tu mamá.

Alguien definió al cuarto de baño como "el motivo inocente que más discordias causa por las mañanas". Procura que no sea así.

*

cuida a tus mascotas

Si deseas tener en tu casa uno o varios animalitos caseros, más comúnmente llamados "mascotas", como perros, gatos, conejos, canarios, palomas, etcétera, cuidarlas bien es tu obligación. Es probable que tus hermanitos también puedan ayudarte.

El trato directo de los niños con los animales domésticos es muy benéfico, ya que les estimula su capacidad afectiva y de integración con el reino animal. Existen anécdotas verdaderamente preciosas de la extraordinaria relación que logra establecerse entre el amo y su animal.

Vamos a narrarte una que nos parece conmovedora.

En algún lugar del mundo, un hombre cuidó a un tigre que le regalaron desde que era un cachorrito. Este creció tanto, que los vecinos se quejaron con las autoridades del lugar porque consideraron que el animal era una verdadera amenaza para la seguridad de todos los habitantes de la comarca.

Al pobre hombre no le quedó otra alternativa que llevarlo al zoológico más cercano y dejarlo ahí con otros animales salvajes.

Unos meses después decidió visitar a su querido animal. Enfiló directamente a una jaula, metió la mano entre los barrotes y comenzó a acariciar al tigre, que daba muestras de estar muy feliz con aquellas demostraciones de cariño y las agradecía lamiendo la mano del hombre.

De repente apareció el encargado del zoológico, quien, al ver la escena, comenzó a dar de gritos.

— ¿Qué hace usted? ¿Se ha vuelto loco? —exclamó.

— No comprendo —le contestó—. Simplemente saludo a mi tigre.

— Su tigre no es ése. Es el de la jaula de enfrente.

¿Te das cuenta, querido niño, que los animales son muy sensibles al amor de los humanos? Medita un poco sobre esto (pero no vayas a meter la mano en la jaula de algún tigre).

Antes de que te entusiasmes con una mascota sería conveniente que te hagas algunas preguntas. Por ejemplo: ¿Para qué la quiero? ¿Es solamente un capricho pasajero? ¿Estoy dispuesto a cuidarla, quererla y estar pendiente de ella en todo momento? Piensa muy bien tus respuestas.

A pesar de que los niños son el conducto directo por el que las mascotas se introducen en los hogares, éstas a la larga se convierten en amos a quien servir por los innumerables cuidados especiales que requieren.

Una vez pasado el entusiasmo de los primeros días, los niños muy fácilmente se olvidan de ellas y la señora de la casa tiene que echarse a cuestas la tarea de velar por el bienestar del animal, lo que, aunado a sus múltiples obligaciones, resulta una carga verdaderamente agobiante para ella.

Los animales sueltan pelo, plumas, destruyen el jardín, ensucian las alfombras, deterioran los muebles y, sobre todo, orinan y defecan en todas partes, impregnando la casa de un olor insoportable.

Si tu casa es grande y tiene jardín o patio donde tu mascota pueda estar cómodamente, menos mal. Pero si vives en un departamento reducido, tendrás que ser muy cuidadoso para que tu casa no presente un aspecto desaseado.

Como el perro es el más popular de los animales caseros, el resto del capítulo vamos a hablar principalmente de él, aunque ocasionalmente nos referiremos también otros animales.

Deberás sacarlo diariamente a la calle y enseñarles tanto a tu perro como a

tu gato que sus necesidades las deberán hacer *únicamente* en un cajón con tierra desodorante que encontrarás en cualquier tienda donde vendan artículos para animales. Al principio no te harán mucho caso. Entrenarlos es cuestión de paciencia.

No olvides adquirir un buen champú o jabón para perros y bañarlo periódicamente, siempre comenzando por la cabeza en dirección a la cola para evitar que las bacterias propias del animal le entren en los ojos. Con cierta frecuencia deberás llevarlo a un "salón de belleza para animales" para que le corten las uñas, lo pelen, lo cepillen, lo peinen, le limpien orejas y dientes y le hagan todas las maniobras que realcen la belleza de tu animal. Todo esto cuesta bastante dinero. A propósito, ¿ya preguntaste a tus papás si están dispuestos a ayudarte económicamente con el mantenimiento de tu perro? Si se niegan, serás tú el que tenga que hacer estos gastos de tus "domingos". Piénsalo y recuerda que entre más fino es, más cuidados requiere.

Al perro hay que enseñarle a andar por la calle para que no moleste a los transeúntes. Además, es indispensable el uso de una correa; nunca lo saques sin ella porque además de ser peligroso lo expones a sufrir accidentes que pueden ser fatales, como el atropellamiento. Llévalo a tu izquierda y si se adelanta o aleja demasiado, tira de la correa que deberá ser corta para que puedas controlarlo mejor.

Todos los días debes darle una especie de entrenamiento de cuando menos quince minutos, hasta que logres una buena coordinación entre los dos. Puedes enseñarlo a sentarse, pararse sobre sus cuartos traseros y "saludar de mano" a las visitas, lo que resulta muy gracioso. Te sorprenderá la rapidez con que aprende todo lo que le enseñes. Acostúmbralo a que obedezca tus órdenes.

Es obligación del propietario del animal impedir que se meta en las casas de los vecinos y por ningún motivo deberá vagar solo por las calles o pasearse sin rumbo en el campo, si es que lo llevas de vacaciones. Todas las precauciones que se tengan con un animal, son pocas.

Antes de comprar una mascota, debes conocer el reglamento específico de tu país para el control y cuidado de los animales. También existen asociaciones protectoras de animales que evitan los malos tratos e inclusive la crueldad para con ellos.

Si tu casa es pequeña, sácalo al parque a correr, retozar e inclusive cazar mariposas. Si vives cerca del campo no hay problema; pero te volvemos a repetir que jamás lo saques sin su correa. Enséñale también a hacer sus necesidades en determinado lugar y a que se abstenga de hacerlas en la calle, en el parque o en las aceras donde se encuentren niños jugando.

Por ningún motivo debes permitir que tus mascotas molesten a las visitas. Debes comprender que no todo el mundo siente cariño y atracción hacia los animales. Es muy fácil evitar que tus papás pasen un mal rato; todo lo que tienes que hacer es llevarte a tus mascotas a un sitio alejado de la casa, donde no molesten a los adultos. ¡Imagínate qué incómodo sería que tu perro o gato arañara las medias de las señoras o ensuciara los zapatos de los señores! Los gatos acostumbran apoderarse del sillón más cómodo de la casa para dormir.

Si las visitas llevan a sus niños, es probable que ellos también quieran jugar con tus mascotas. Sin embargo, antes de hacerlo debes solicitar el permiso de sus padres. Además algunos pequeños se asustan con los animales ajenos.

Los animales sueltan pelo y existe la posibilidad de que algún invitado sea alérgico a éste, por lo tanto, aleja a tu perro de las visitas.

En el momento que aparezca alguna visita, llévate inmediatamente a tu mascota. Existe la posibilidad de que a ella también le gusten los animales y te ruegue que la dejes en la sala.

Por ningún motivo debes llevarla a la cocina. En el momento más inesperado, el gato puede saltar sobre ese exquisito platillo que estaba listo para llevarse a la mesa. Los perros, pericos, palomas, etcétera, suelen ser una molestia en la cocina. Aléjalos.

De la misma manera, cuando hagas una visita jamás te hagas acompañar de alguna de tus mascotas, a menos que los anfitriones te lo hayan autorizado con anticipación. Es probable que ellos también tengan animales y que los tuyos no les resulten agradables.

Durante la época de frío debes tener especial cuidado con tus mascotas. Al igual que los seres humanos, sufren catarros, resfríos y problemas respiratorios. Te aconsejamos estar al pendiente de que estén bien cobijados. En los grandes almacenes puedes encontrar suéteres para perros que son ideales para mantenerlos calientitos durante el invierno.

Sería muy divertido que si tus padres lo autorizan, lleves a tu perro contigo durante las vacaciones si vas al campo o al mar, siempre y cuando te hospedes en casa particular o campamento. En ningún hotel aceptan huéspedes con animales; está prohibido por su reglamento.

Jamás dejes a tu perro solo y mucho menos en el coche con un calor asfixiante. El pobre animal se sentirá muy desgraciado. Ponte de acuerdo con tus hermanos para que entre todos lo vigilen constantemente para impedir que moleste a los extraños. No permitas que se meta a bañar en el mar cerca de donde nadan otras personas; llévalo a un sitio retirado y enséñalo a no sacudirse sobre los bañistas que están tomando el sol.

No obstante que casi todos los perros son muy amigables y cariñosos con los niños, tanto los bebés como los muy pequeños podrían asustarse con la cercanía de un perro desconocido.

Creemos que ya te has dado cuenta que tener una mascota en casa no es lo mismo que poseer un vestido o un juguete nuevo. Es un ser vivo que no puede estar en un rincón adornando la sala ni tampoco colgado de la pared. Tiene sus propias exigencias y necesidades y, por tanto, altera el ritmo de la casa.

No deseamos cerrar este capítulo sin hacerte un comentario final: tratar bien a los animales es deber de los niños. Ellos también sufren y sienten el dolor en la misma forma que los humanos.

¡Tu cariño hacia los animales te ayuda a educar tu propia sensibilidad!

*

el hábito del ahorro

Es probable que con motivo de acontecimientos especiales como tu cumpleaños, santo, Navidad, etcétera, tus padres, abuelitos, tíos y demás personas de tu familia te hagan obsequios de dinero. Si ya tienes diez años, seguramente tus papás te han asignado una cantidad como "domingo".

Te queremos recomendar que no despilfarres todo tu dinero. Cuídalo. Desde ahora que eres pequeño comienza a practicar un hábito útil, el ahorro. Ahorrar significa ser previsores porque nunca sabemos en qué momento el dinero ahorrado puede ser nuestra salvación.

En las papelerías venden libretas en las que puedes hacer anotaciones del di-

nero que recibes y en qué lo gastas. Este sistema te permite planear tu ahorro y controlar tus gastos personales como por ejemplo: el ramo de flores a tu mamá, la caja de dulces para tu hermanita, el pañuelo para papá, el chal para abuelita y, por supuesto, la cantidad que intentes ahorrar. Sería preferible que te abstuvieras de comer golosinas en la calle, que además de caras, son perjudiciales para tu salud.

102

Además de los "domingos" que recibas, si tienes más de doce años puedes ser útil a tus vecinos —desde luego con el consentimiento de tus padres— y ayudarles a hacer algunas compras, lavar sus coches, llevar su ropa a la tintorería, bañar a sus perros, etcétera. Ellos seguramente recompensarán tus servicios. El dinero que se ha ganado con esfuerzo es el que más se disfruta. Es una gran satisfacción ser útil a los demás y a veces hasta divertido.

Volviendo a la administración de tus finanzas, otra sugerencia es que abras una cuenta de ahorros a tu nombre en cualquier banco, lo que además de darte a ganar buenos intereses, protege tu dinero de extravío o robo. Tener el dinero "debajo del colchón" no es recomendable.

Verás que rápidamente tendrás ahorrada una cantidad que te permita comprar esa bicicleta que tanto has anhelado o cualquier otro artículo de tu preferencia.

¡Pero cuidado! No gastes todo tu di-

nero en cosas superfluas. Recuerda que existen en el mundo millones de niños que no tienen qué comer. Dedica algo de tu ahorro a hacer alguna obra de caridad, como por ejemplo, comprar un juguete a uno de esos niñitos que carecen hasta de lo más indispensable. Practica la caridad y con el tiempo confirmarás por ti mismo que no hay satisfacción igual a la de compartir con nuestros semejantes todo lo que tenemos.

Aunque no puede negarse que el dinero es necesario, no significa todo en la vida. ¿Te has puesto a pensar que las cosas más bellas son gratuitas? ¿Podrías comprar un verdadero amigo? ¿Cuánto te costaría un par de ojos? ¿Habría en el mundo dinero suficiente para comprar a tus padres?

Te hemos sugerido que seas ahorrativo y que pienses en qué gastas tu dinero, pero de ninguna manera queremos que seas avaro. Ahorrar significa que conserves lo que de otro modo gastarías sin razón y que es preferible guardar. Por *avaricia* se entiende atesorar lo que debería gastarse y cuya conservación no tiene ningún sentido.

El avaro se impone sacrificios inútiles; el que ahorra es digno de respeto.

Ahora que has terminado de leer este pequeño libro dedicado a ti, querido niño o niña, medita en los consejos que en él se ofrecen y practica lo que aprendiste. Verás que, de este modo, tus relaciones tanto familiares como amistosas, se desarrollarán en un marco de respeto hacia los demás y aumentará tu confianza en ti mismo. Esto a su vez te facilitará lograr lo que te propongas, gracias a que sabrás desenvolverte debidamente en todas las situaciones, y siempre dejarás una buena impresión en los demás.

Esta edición se imprimió en Febrero de 2007. Servag Batalla
de Capulalpan 1876 Col: Leyes de Reforma México D.F.